어떤 삼각형의 꿈

최영기, 김선자 지음 영수 그림

을파소

'아이들이 수학과의 첫 만남을 어떻게 하면 좋을까?' 늘 고민되었고 그 고민의 결과로 〈이런 수학 동화는 처음이야〉 시리즈의 이야기가 나오게 되었습니다. 수학과의 첫 만남이 계산이나 암기가 아닌, 재미있는 이야기 속에서 개념을 자연스럽게 만나기를 바라는 마음을 담았습니다.

1권 '대장 수 뽑기 대소동'에 이은 2권 '어떤 삼각형의 꿈'은 이등변 삼각형을 중심으로 일어나는 일을 통해 각 다각형의 개념을 만나게 하고 도형에 대한 개념을 쉽게 이해하고 재미있게 학습할 수 있도록 수학적인 내용을 넣었습니다. 더불어 꿈을 이루는 과정에서 일어나는 여러 가지 사건들을 통해 꿈을 이루기 위한 요소들을 아이들이 내면화했으면 하는 바람으로 이야기를 완성하였습니다.

이 책에서 각 도형은 단순한 모양을 넘어 독특한 성격과 이야기를 지닌 존재로 그려지며, 이를 통해 독자들은 도형에 대한 친밀감을 느끼고, 그들의 기본적인 성질을 자연스럽게 익히게 될 것입니다.

이 동화에서 중요한 요소 중 하나는 '의외의 상황'입니다. 삼각형이 다각형의 기본 개념이 되는 과정을 예상치 못한 상황 속에서 설명하며, 도형들이 어떻게 활용되는지에 대한 흥미로운 이야기도 담고 있습니다.

수학적 개념은 단순히 문제를 푸는 기술을 넘어, 세상을 바라보는 새로운 시각을 열어 줍니다. 미래 사회에서 수학을 잘한다는 것은 수학에 대한 흥미와 가치를 느끼고, 그로부터 얻은 이해를 다양한 분야에 적용할 수 있는 능력을 의미합니다. 이 책을 통해 아이들은 다양한 상황과 사고를 경험하며 '아하!' 하는 깨달음을 얻고, 이러한 경험이 궁극적으로 수학적 능력의 향상으로 이어질 것입니다.

이야기의 주인공인 빨간이등변삼각형은 자신의 꿈을 이루기 위해 많은 고난과 어려움을 겪지만 결국에는 이겨 나가게 되며, 꿈을 개인적인 동기에서 공동체 전체를 아우르는 큰 꿈으로 성장시켜 마침내 진정한 꿈을 이루게 됩니다. 이 여정을 따라가다 보면, 독자들도 자신의 꿈에 대해 깊이 생각해 보고, 그 꿈이 진정으로 실현되는 의미가 무엇인지 생각하게 될 것입니다.

이 동화를 읽으며 아이들이 다각형에 대한 개념을 자연스럽고 재미있게 익히고, 꿈을 향한 용기와 지혜의 메시지를 마음에 새기기를 바랍니다.

최영기(서울대학교 수학교육과 명예교수)
김선자(초등학교 교사)

차례

구름 할아버지가 도형 나라에 오셔서 재미있는 이야기를 들려주시는 날이기 때문에 광장에 모인 도형들은 기대감으로 눈을 반짝이고 있었어요.

특히 오늘은 다른 날과 달리 빨간이등변삼각형 지붕 집 앞 광장에 모이라고 들었기 때문에 도형 나라의 친구들은 무슨 이야기일지 더 궁금했어요.

삼각형, 사각형, 오각형, 원 등 많은 도형 친구들이 모여 구름 할아버지께서 이야기 하시길 기다리고 있었어요.

"안녕하세요? 구름 할아버지!"

모두 한 목소리로 인사했어요.

"다들 잘 지냈니? 반갑구나."

"오늘 왜 이 곳에 모이라고 했는지 아는 도형 있을까?"

"몰라요~."

도형 친구들이 소리쳤어요.

"그건, 너희 도형 나라의 시작이 이 집과 관련이 있기 때문이란다. 그 이야기를 해 줄 거야."

구름 할아버지께서 말씀하셨어요.

"구름 할아버지, 도형 나라는 처음부터 도형 모두가 모여 한 나라를 이루며 살았던 것 아닌가요?"

정삼각형이 아주 큰 목소리로 여쭈었어요.

"처음 도형나라에는 삼각형, 사각형, 오각형처럼 3개 이상의 선분으로 둘러싸인 다각형들만 모여서 살았단다."라는 할아버지의 말씀에

"정말이에요? 원이나 타원도 없었어요?"라고 놀란 도형 친구들이 말했어요.

"네? 그때는 저 같은 원이나 타원은 이 나라에서 살지 못했다

구요?"

동그란 원이 놀라서 질문을 했어요.

"그렇단다. 너희가 이렇게 다 같이 어울려 같은 나라에 살 수 있게 된 것은 앞에 보이는 빨간이등변삼각형 지붕의 노력이 있었기 때문이지."

"궁금해요. 빨간이등변삼각형에 대해 어서 알려 주세요!"

작은 정삼각형이 구름 할아버지를 재촉했어요.

"그래, 그래. 이제 이야기를 시작해 보마."

아주아주 오래전, 다각형들은 자기들끼리만 살 수 있는 다각형 나라를 만들었단다. 그 나라에는 다각형만 살 수 있었기 때문에 당연히 원, 타원 등은 함께 살 수 없었지.

그리고 처음에 다각형 나라는 같은 모양의 다각형끼리만 모여서 사는 마을들로 되어 있었지. 삼각형은 삼각형끼리, 사각형은 사각형끼리, 오각형은 오각형끼리, 육각형은 육각형끼리 사는 마을 말이야. 그리고 모양에 맞게 마을 이름을 붙였어.

어느 날부터인가 누구네 마을이 가장 좋은지 서로 비교하게 되었고, 다각형들은 마을끼리 구분짓기 위해 돌담을 쌓았지.

꼭 필요한 경우가 아니면 다른 마을에 가지도 않았어.

다각형 나라 마을 중 사각형 마을은 나라의 가운데에 있을 뿐만 아니라, 건물도 높고, 다양한 모양도 많고 모든 것이 풍성한 마을이었기 때문에 대부분의 다각형들은 사각형 마을이 가장 좋은 마을이라고 생각하며 "나도 거기서 살고 싶다."라고 말하곤 했지.

그러다 보니 사각형들은 잘난 체하고 다른 다각형들을 무
시하기 일쑤였어. 그 중에서도 꼭짓점과 변의 개수가 가장 적
은 삼각형을 특히 더 무시했지.

"삼각형들은 무시를 당하고도 가만히 있었나요?" 하고 시무룩
해진 삼각형이 구름 할아버지에게 여쭈었어.

지그시 삼각형을 바라보시며 구름 할아버지는 이야기를 계속
하셨어.

삼각형 마을에는 정삼각형, 이등변 삼각형, 직각 삼각형 이외에도 여러 모양의 삼각형이 함께 살고 있었단다.

삼각형들은 다각형 중에서 꼭짓점의 수, 변의 수가 가장 적은 것을 부끄러워했고, 삼각형 마을이 다른 다각형 마을보다 작고 초라하다고 생각했단다. 무시 받는 게 화가 났지만 삼각형 스스로도 왠지 자기들이 못났다는 생각이 들어 무시받는 것이 없다고 생각했지.

심지어 삼각형들 대부분은 사각형 마을에서 사는 것을 꿈으로 갖고 있었어. 하지만 사각형이 되는 것은 불가능하다고 생각하여 꿈을 이루려는 어떤 노력도 하지 않았지.

그런 삼각형 마을에 유독 눈에 띄는 '빨간이등변삼각형'이 있었단다. 두 변의 길이가 같은 이등변 삼각형은 삼각형 마을에 여럿 있었지만, 빨간이등변삼각형은 하나뿐이었지.

빨간이등변삼각형은 호기심도 많고, 책을 늘 읽고, 상상하는 걸 좋아했어. 집중력도 강해 옆에서 누가 뭐라고 말해도 못 알아들었단다. 그리고 가끔 다른 삼각형들이 알아들을 수 없는 말을 혼자서 중얼중얼하기도 했지.

이런 빨간이등변삼각형이 다른 삼각형 친구들의 눈에는 이상하게 보여서 그를 '괴짜'라고 부르고 그와 노는 게 재미없다며 함께 놀려고 하지 않았어.

혼자서 이것저것 하기 좋아했던 빨간이등변삼각형은 그를 놀리는 친구들에게 별로 상처받지 않고 즐겁게 생활했어.

어느 날, 빨간이등변삼각형이 삼각형 친구들에게 물었어.

"너희들은 꿈이 뭐야?"

갑작스런 질문에 삼각형들은 눈만 껌벅이더니

"음……. 사각형이 돼서 사각형 마을에 사는 거? 하지만 그건 불가능하잖아. 그러니 삼각형 마을에서 재미있게 살다가, 시간이 지나면 나에게 딱 맞는 좋은 곳을 찾아 영원히 머무는 것이지."

한 삼각형의 대답에 다른 친구들도 고개를 끄덕였어.

"나도 그래."

"그런데 왜 쟤는 뜬금없이 질문을 하는 거야. 역시 빨간이등변삼각형은 괴짜야."

삼각형 친구들은 고개를 끄덕이며 빨간이등변삼각형을 남기고 어디론가 갔어.

'나도 사각형이 되어 사각형 마을에 살고 싶어. 그뿐아니라 다각형 나라에 도움이 되는 그런 내가 되고 싶어. 그게 내 꿈이야.'라고 빨간이등변삼각형은 스스로에게 속삭였단다.

빨간이등변삼각형이 다른 삼각형과 달랐던 것은 어떻게 하면 사각형이 될 수 있을까 끊임없이 생각했다는 것과 사각형이 되어 뭔가 뜻있는 일을 하고 싶다는 거였어.

그날도 다른 날처럼 빨간이등변삼각형은 사각형이 되는 방법을 찾으면서, 먼저 자기 자신에 대해 잘 알아야 된다고 생각하고 스스로에게 질문을 던지고 답했지.

'나는 누구지?'

'꼭짓점이 3개, 변이 3개, 두 변의 길이와 두 각의 크기가 같은 이등변삼각형이지. 빨간색 면을 가지고 있고.'

'너는 사각형이 되어서 무엇을 하고 싶니?'

여기에 대한 답을 할 수 없었지만, 그는 일단 사각형이 되는 것이 첫 번째 꿈이니 그것을 위해 최선을 다해 보자고 생각했어.

많은 시간을 공부하던 빨간이등변삼각형은 삼각형과 사각형에 대해서 놀라운 사실을 발견했어.

삼각형은 세 변의 길이가 정해지면 그 세 변을 가진 삼각형은 그 모양으로만 있을 수 있고 아무리 힘을 주어도 다른 모양으로 변하지 않는다는 것. 그래서 다른 도형보다 버티는 힘이 강하다는 것을 알아냈지.

사각형도 어떤가 공부해 보았어. 사각형의 경우에는 좀 달랐어. 네 변의 길이가 주어질 때, 그 길이의 네 변을 가진 여러 가지 모양의 사각형이 생겨서 밖에서 힘을 조금만 주어도 모양이 틀어질 수 있다는 것을 알게 됐어. 직사각형을 조금 밀어 보니 모양이 틀어져 여러 다른 모양의 평행사변형이 되는 것이었어.

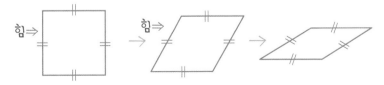

다시 말해, 삼각형은 세 변의 길이가 정해지면 한 가지 모양의 삼각형으로 결정되지만, 사각형은 네 변의 길이가 정해져도 한 가지 모양의 사각형으로 결정될 수가 없어.

　그 말은 삼각형은 밖에서 아무리 힘을 주어도 모양이 변하지 않는 강함이 있다는 거지. 그건 큰 장점이야. 또, 삼각형은 기울어진 변이 있어 비가 왔을 때 빗물이 잘 흘러내려서 물이 고이지 않는 것도 큰 장점이라는 것을 깨달았어.

　그동안 삼각형이 못났다고 생각했던 것이 잘못된 것임을 깨달은 그는 오히려 자신이 이등변 삼각형이라는 것이 자랑스럽기까지 해서 친구들에게 달려갔어.

"얘들아, 우리는 자랑할 것이 많은 삼각형이야!"

"우리가 사각형보다 좋은 점이 많아. 더는 사각형을 부러워하지 않아도 된다고!"라고 외쳤지.

다른 삼각형들은 멀뚱히 그를 바라보며 말했어.

"뭐라고? 우리는 사각형을 따라갈 수 없다고! 뾰족하고 변과 꼭짓점의 개수도 다각형 중 가장 적어서 무시당하고 있잖아.

다른 도형들로부터 삼각형이 별로라는 이야기를 듣는 것도 힘들어. 우리를 부러워하는 다각형은 아무도 없다고."

삼각형 친구들의 말에 빨간이등변삼각형은 의기소침해져서 더 이상 아무 말도 하지 않았어.

터덜터덜 집으로 돌아가는 동안 잠시나마 가졌던 삼각형의 자랑스러움이 사라진 것 같았어.

'그래. 친구들 말대로 삼각형은 못난이일 수 밖에 없는지도 몰라. 사각형이 되는 것이 최선인지도 모르겠어. 그렇다면 사각형으로 변신하는 방법을 찾아내야겠어. 반드시 사각형이 되어 사각형 마을에서 사는 꿈을 이루어야겠어.'

다시 사각형이 되겠다고 마음을 다잡은 빨간이등변삼각형은 사각형이 되는 방법을 연구하는 데 더 집중하게 되었어.

'사각형이 되려면 변과 꼭짓점이 한 개씩만 더 있으면 되는데 어떻게 해야 할까? 내 꼭짓점 하나를 뭉뚝하게 만들어 볼까? 그렇게 하면 꼭짓점과 변을 하나씩 더 만들 수 있으니 사각형이 되는 거잖아!'

　빨간이등변삼각형은 부지런히 자신의 꼭짓점 하나를 벽에
대고 갈기 시작했어.

　"아야!"

　한동안 자신의 꼭짓점을 갈던 빨간이등변삼각형은 죽을 것
같은 아픔 때문에 꼭짓점 갈기를 멈추었어.

　'이 방법으로는 안 되겠어. 다른 방법을 찾아봐야겠어.'

'몸을 접으면 사각형이 되지 않을까?'

"그래, 몸을 접어 보는 거야!"

빨간이등변삼각형은 지난번 아팠던 경험 때문에 직접 몸을 접어 보는 대신 먼저 그림을 그려 사각형이 될 수 있는지 알아보았어.

'이렇게 이렇게……'

'아니야, 아니야……'

"됐다. 됐어~"

'양쪽에 있는 두 변의 중간점을 잡아 두 점을 잇는 선분을 따라 아래로 꺾어 접으면, 위에 있는 꼭짓점이 밑에 있는 변을 만나게 되고 그러면 사각형이 되잖아? 그것도 나처럼 양쪽의 변의 길이가 같은 사각형!'

양쪽의 변의 길이가 같은 사각형 그림에서, 왼쪽에 있는 이등변 삼각형의 꼭짓점을 오른쪽으로 꺾어 접고, 오른쪽에 있는 꼭짓점도 왼쪽으로 꺾어 접으면 3개의 뾰족한 각이 사각형 밑 한 점에 모이게 되고. 그렇게 뾰족한 점들이 한 곳에 모두 모여서 밑변에 직선을 이루게 되는 그림이 그려지자 바로 직사각형이 되었어.

'우와~ 직사각형도 될 수 있어.'

하지만, 기쁨도 잠시, 실제로 몸을 꺾어 접을 수 있어야만 가능한 거라는 생각에 겁부터 났어.

'그래도 시도는 해 봐야지!'

빨간이등변삼각형은 몸을 최대한 굽혔어. 몸을 살살 아래로 내리는데 갑자기 '뚜두둑' 하는 소리가 나는거야.

빨간이등변삼각형은 아프고 겁이 나 더 이상 몸을 굽힐 수가 없어서 사각형이 되고자 하는 꿈을 접어야하나?라고 생각했어.

그때 마음속에서 들리는 소리가 있었어.

'내가 누구야? 너는 특별한 빨간이등변삼각형이잖아! 힘들어도 포기하지 말고 노력해. 열심히 노력하다 보면 더 좋은 생각이 나서 사각형이 되는 꿈을 이룰 수 있을 거야. 포기하지 말고 우선 몸을 튼튼히 하고 유연성을 길러 봐.'

그날 이후, 빨간이등변삼각형은 매일 매일 줄넘기와 체조를 하는 것은 물론, 유연성을 기르는 데 도움이 되는 건 뭐든 했어.

늘 집에서 책만 읽고 밖에서 노는 것을 싫어하던 빨간이등
변삼각형이 사각형이 된다고 매일 운동하고 몸에 좋은 것이
라면 무엇이든지 하는 것을 보고 삼각형 친구들은

"쟤, 왜저래?"

"쟤는 아직도 헛된 꿈을 꾸고 있어! 사각형이 되고 싶어서
안달이 났나 봐"라고 수군거렸어.

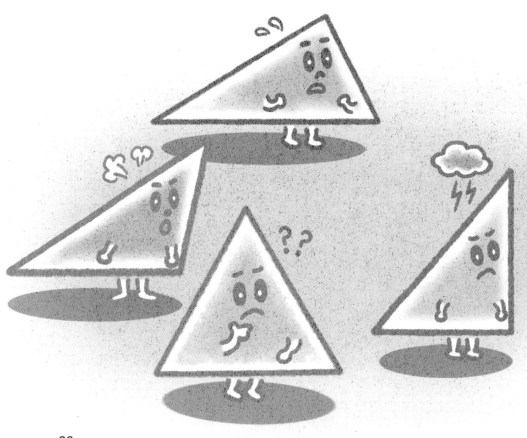

"처음부터 이상한 애였잖아. 매일 혼자 뭔 말을 계속하고
다니고."

"뭘 물어도 엉뚱한 말만 하고……."

빨간이등변삼각형의 노력이 삼각형 친구들 사이에서 웃음
거리가 되었지. 하지만 빨간이등변삼각형은 친구들의 말에
아랑곳하지 않고 몸을 유연하게 만들기 위해 계속 노력했어.

그의 마음 한편에서는 자신이 헛된 꿈을 꾸고 있는 것은 아닌지, 사각형이 되려는 것이 정말 좋은 꿈인지 그리고 사각형이 되는 꿈을 이룰 수 있을까에 대한 의문이 생기기도 했어.

그런 생각이 들 때마다 그는 더욱더 마음을 다잡고 사각형 되기에 집중했지.

그렇지만 아무리 이런저런 운동을 해도 몸이 완벽하게 접혀지지 않았어. 더구나 몸을 접은 상태를 계속 유지하는 건 더 불가능해 보였고.

몸도 마음도 지쳐 가고 있던 어느 날, 사각형 마을 담너머로 보았던 연이 떠올랐어.

멀리서 본 연의 모양은 이등변 삼각형처럼 보였어.

"사각형 마을에 어떻게 이등변 삼각형이 있지?"

이상한 마음에 뛰어가 보았는데 가까이 가 보니 사각형이었어.

그렇지만 그는 "유레카!"라고 소리쳤어.

사각형이 될 수 있는 좋은 방법이 떠올랐거든. 몸을 접는 것보다 쉬운 방법!

한 변을 늘이고 살짝 꺾어 연 모양의 사각형을 만드는 것은
가능하다는 생각이 들었어.

'그래 바로 그거야. 연처럼 몸을 만들어 보는 거야.'

그날부터 빨간이등변삼각형은 한 변을 늘려 꺾기 위해 이제까지 하던 유연성을 기르는 운동과 더불어 힘을 키우는 운동을 하며 연 모양을 만들어 보려고 노력했어.

몸을 늘려서 살짝 꺾는 것이 몸을 접는 것보다 가능성이 더 있어 보여 사각형이 되고자 하는 꿈에 집중하며 계속 연습했어.

노력을 계속하던 어느 날, 긴 변에 힘을 주는 순간, '찌르르' 긴 변이 접히면서 잠깐 사각형 모습이 되었다가 다시 삼각형 모양으로 되돌아왔어. 잠깐이지만, 긴 변이 꺾여 두 개로 나누어져 사각형이 되었던 거야. 빨간이등변삼각형은 흥분해서 소리쳤어.

"봤지! 나 사각형이 되었다고! 누구 본 사람 없어? 한 번
더 해 볼까?"

"우아, 또 성공이야! 사각형이 되었었어!"

빨간이등변삼각형은 밑변에 힘을 주어 접는 훈련을 계속
했어. 사각형 모양을 만들 수 있는 시간도 조금씩 길어져 갔
고. 사각형이 된 자기 모습이 거울에 비칠 때마다 빨간이등
변삼각형의 얼굴엔 자랑스러움과 자신감이 가득했지.

"사각형으로 변신하고 밖으로 나가볼까? 과연 삼각형 친구들이 나를 알아볼까? 사각형으로 변신!!! 얍!!!"

밖으로 나갔더니, 삼각형 친구들이 주위로 몰려들었어.

"어떻게 사각형이 삼각형 마을에 왔어요?"

"당신은 어떤 사각형이에요?"

"사각형 마을에는 정말 큰 건물이 많이 있나요?"

삼각형 친구들은 사각형으로 변신한 빨간이등변삼각형을 못 알아보고 질문하기에 바빴어.

"얘들아, 나 빨간이등변삼각형이야!"

"뭐? 네가 빨간이등변삼각형이라고?"

삼각형 친구들은 깜짝 놀랐지.

"응! 내가 드디어 사각형이 되는 꿈을 이루었어. 너희들도 내가 가르쳐 줄 테니 해 봐."

빨간이등변삼각형은 삼각형 친구들에게 자신이 터득한 사각형이 되는 방법을 알려 주었지만 "그렇게 힘든 건 못 하겠어."라고 말하며 삼각형들은 시도해 보려고 하지도 않았어.

드디어 빨간이등변삼각형은 사각형으로 몸을 바꾸고 사각형 마을로 이사가서 살았어.

때로는 사각형으로 사는 것이 불안하기도 했고 어색한 옷을 입고 있는 듯한 불편함도 느껴졌지만, 자신의 노력으로 꿈을 이루었다는 뿌듯함에 눈을 떠도 기쁘고, 눈을 감아도 기뻤어.

어느 정도 시간이 흐르자, 빨간이등변삼각형은 '나는 삼각형일까? 사각형일까? 사각형으로 사는 게 삼각형으로 사는 것보다 행복한가?'라는 의문이 생기기 시작했어.

그리고 자신의 진정한 꿈은 사각형이 되는 것뿐 아니라, 뭔가 다각형 나라를 위해 좋은 일을 하고 싶었다는 것이 기억났고, '어떤 일을 할 수 있을까?'라는 고민이 새롭게 시작됐어.

그러던 어느 날, 빨간이등변삼각형이 마을길을 걷다가 집을
짓는 모습을 보게 되었어. 벽도 지붕도, 창문도, 문도 모두 사
각형인 집. 그걸 본 빨간이등변삼각형은 마음이 답답해졌어.

이후로 사각형 마을을 바라볼 때마다 가슴이 답답해지는 것이 커지면서 '뭔가 내가 해야 할일이, 내 꿈이 이 답답함과 관련이 있는 것은 아닐까?' 하는 생각이 머리를 스쳤지.

'사각형 마을의 지붕 모양이 너무 딱딱하고 효율적이지 않아. 어떻게 바꾸면 좋을까?'

'만약, 저 사각형 집 지붕이 삼각형이라면 어떨까? 비바람이 부는 날 비가 집 안으로 들이치지 않을 수 있고 뜨거운 여름에 햇빛이 집으로 덜 들어와 시원할 텐데. 그리고 집 모양도, 마을의 모습도 더 아름다워질 텐데. 내가 삼각형으로 다시 돌아가 지붕이 되는 건 어떨까?'

이런 생각을 하고 있는 스스로를 발견하고 빨간이등변삼각형은 깜짝 놀랐어.

'아니야, 나는 이제 사각형인걸! 뼈를 깎는 노력으로 간신히 사각형이 되어 사각형 마을에 살고 있잖아. 꿈을 이뤘는데 다시 삼각형으로 돌아가고 싶지 않아!'

그러자 빨간이등변삼각형의 마음속에서 또 다른 이야기가 들려왔어.

'만약 삼각형이 사각형 건물의 집에 사용된다면 사각형 마을이 더 좋아질 수 있어. 내가 삼각형으로 한 곳에 고정되면 다시는 사각형이 될 수 없겠지만, 이 마을이 아름다워질 수 있고 그리고 혹시 다른 삼각형들은 몸을 바꾸지 않고도 사각형 마을에 살 수 있을지도 모르잖아. 그렇게 된다면 뭔가 다각형 마을을 위해 좋은 일을 하는 것이고. 그것이 내 꿈을 이루는 것은 아닐까? 그러려면 사각형인 지금의 모습을 포기해야 하는데……'

빨간이등변삼각형은 이런저런 생각에 잠을 이룰 수 없었어.

생각하면 할수록 사각형으로 살아가는 것도 좋지만 다시 삼각형이 되어 사각형 마을에서 자리를 잡는 것이 삼각형에게나 사각형에게 도움이 될 거라는 생각이 들었어.

빨간이등변삼각형은 결심했어.

'다시 삼각형으로 돌아가서 삼각형의 아름다움을 사각형들이 알게 하고 다른 삼각형들이 사각형 마을에서 살 수 있는 길을 만들어 줘야겠어.'

사각형들이 자신이 삼각형인 것을 알면 당장 사각형 마을에서 쫓겨날지도 모른다는 두려움이 있었지만 자신의 꿈뿐만 아니라 다각형 나라를 위해 좋은 일이라는 생각에 삼각형으로 사각형 마을에 머무는 방법을 찾아야 했어.

빨간이등변삼각형은 우선 사각형 마을의 가장 유명한 건축가가 누구인지 알아보고 용기를 내어 그를 찾아갔어.

"건축가 아저씨, 저, 건물 모양에 대해 잠깐 드릴 말씀이 있어요."

"어서 들어오렴."

잠시 머뭇거리던 빨간이등변삼각형이 말을 꺼냈어.

"제 생각에는 삼각형이 함께 마을에 살면 사각형 마을이 더 살기 좋아질 거 같아요."

"그래? 왜 그렇게 생각하니?"

건축가 아저씨가 물었어.

"이걸 보세요. 사각형 건물 위에 이등변 삼각형을 지붕으로 얹으면 비바람이 쳐도 빗물이 집 안으로 들어가지 않게 할 수 있고, 여름에는 뜨거운 햇빛이 집에 들어가지 않게 그늘도 만들어 줄 수 있어요."

설명을 마친 빨간이등변삼각형은 긴장하여 눈을 꼭 감고,
자신이 직접 그린 그림을 내밀었어.

한동안 건축가 아저씨는 말이 없었어.

사실 건축가도 사각형 건물의 지붕을 어떻게 해야 더 멋지
게 만들 수 있는지 고민하고 있었거든.

"음, 정말 좋아 보이네. 하지만 우리 마을엔 삼각형이 살
수 없다는 건 너도 알지 않니?"

머뭇거리던 빨간이등변삼각형은 작은 소리로 말하기 시작했어.

"저는 원래 이등변 삼각형이었어요. 열심히 노력한 끝에 사각형이 되었어요. 만약 아저씨가 이등변 삼각형 지붕을 가진 건물을 사각형 마을에 지으시겠다면 제가 다시 이등변 삼각형이 되려고 해요. 대신 삼각형들이 사각형 마을에 와서 살 수 있도록 도와주세요."

건축가 아저씨는 원래는 삼각형이었었다는 말에 당황했어. 하지만 빨간이등변삼각형이 가져온 집의 그림을 보자마자 이것이 그동안 해왔던 고민의 해결책이라는 걸 알 수 있었지.

"너의 말이 맞을 수도 있어. 하지만 분명 다른 사각형들이 허락하지 않을 거야."

건축가 아저씨는 마음이 흔들렸지만, 고개를 저으면서 거절했어.

"제발 다른 사각형들을 설득해 주세요."

빨간이등변삼각형이 간절히 부탁했어.

다음날도, 또 다음날도 빨간이등변삼각형은 건축가 아저씨를 찾아갔어. 삼각형이 사각형 마을 건물 짓기에 도움이 된다는 사실을 사각형들이 안다면 분명 삼각형과 사각형이 함께 더 좋은 마을을 만들 수 있다고 설득했어.

"그런데 너는 삼각형으로 다시 돌아가도 괜찮겠니? 삼각형으로 네가 돌아간다면, 너는 다시는 사각형이 될 수 없는 것은 알고 있지? 네가 지붕으로 올라가 위치를 잡으면 너는 더 이상 거리를 걸어 다닐 수도 없고, 뭔가 다른 일을 할 수도 없어. 친구들과도 더 이상 놀 수 없고 말이야."

"네."

이미 결심을 굳힌 빨간이등변삼각형은 담담히 대답했지.

빨간이등변삼각형의 결심에 건축가 아저씨는 힘들더라도 사각형들을 설득하기로 마음먹었어. 만나는 모든 사각형에게 사각형으로만 집을 짓는 것보다 삼각형과 함께 건물을 지으면 좋은 점을 설명하면서 삼각형도 사각형 마을에서 함께 살 수 있게 하자고 설득했어.

"어떻게 우리보다 변도, 꼭짓점도 적은 삼각형을 창피하게 우리의 집을 만드는 데 사용할 수 있습니까? 그럴 수 없습니다."

"삼각형과 우리는 달라요. 다른 다각형들이 우리 마을에서 같이 살게 된다면 사각형만의 고유한 특성들이 사라질 것입니다."

"삼각형이 마을에 와서 사는 것을 허락하면 삼각형들이 떼로 몰려와 우리 마을 질서가 엉망이 될 겁니다."

예상했던 대로 사각형들은 가지각색의 이유를 대며 삼각형과 함께 사는 것을 거절했지.

그렇지만 건축가 아저씨는 포기하지 않고 기회가 있을 때마다 사각형들을 설득했어.

"우리는 우리가 최고라고 생각하며 우리끼리만 살아왔습니다. 서로 받아들이고 함께 사는 마을을 만든다면 후손들에게 지금보다 더 아름다운 마을, 편리한 집을 남겨줄 수 있을 것입니다. 우선 이등변 삼각형 하나만 우리 마을에 사는 것을 허락해 봅시다."

건축가 아저씨의 끈질긴 설득 끝에 사각형들은 실험적으로 짓고 있던 집 지붕에 삼각형을 얹어 보기로 했어. 건축가 아저씨는 서둘러 빨간이등변삼각형을 찾아가서 이 사실을 알렸어.

"얘야, 이제 네가 우리 마을에서 삼각형으로 자리 잡을 수 있게 됐어. 그게 무슨 뜻인지는 알고 있지? 그리고 만약 삼각형 지붕이 사각형 집에 어울리지 않거나 좋아 보이지 않으면 넌 사각형 마을에서 쫓겨날 거야."

"네. 알고 있어요. 각오하고 있어요. 감사해요."

빨간이등변삼각형은 기쁘기도 하고, 설레기도 하고, 두렵기도 했지.

사각형 건축가 아저씨는 우선 자신이 설계했던 건물을 완성했어. 그리고 마지막으로 드디어 빨간이등변삼각형을 기중기로 들어 올려 맨 위에 지붕으로 얹어 집을 완성했지.

사각형으로만 지었던 집보다 멋있고, 위에서 거세게 물을 뿌려도 벽보다 큰 지붕 때문에 물이 집에 들이치지 않았어.

물론 뜨거운 햇볕도 집 안으로 덜 들어왔고.

실험적으로 지어진 삼각형 지붕의 집을 쳐다보고 사각형들은 고개를 끄덕이며 이야기했어.

"여러 가지 장점이 있네."

"이전의 집들보다 더 멋있어 보이는데요."

이 집은 큰 인기를 끌기 시작했고, 삼각형이 사각형과 같은 마을에 살면 안 된다는 소리는 쑥 들어갔지.

빨간이등변삼각형이 올려진 집을 본 사각형들은 너도나도 삼각형을 지붕으로 사용하고 싶어 했어.

"우리도 집에 삼각형을 얹어 보자."

삼각형을 넣어 집을 지어보려는 사각형들이 많아지자 삼각형 마을에 찾아가 부탁해 보자는 것으로 의견이 모여졌어.

이 소식은 삼각형 마을에도 전해졌지.

"이등변 삼각형이 사각형 마을에서 인기가 있다고?"

"삼각형이 사각형 마을에 살 수 있는 길을 빨간이등변삼각형이 만들어 놓았다고?"

드디어, 사각형 마을 대표들은 삼각형 마을을 찾아가 함께 어우러져 살자고 제안했어.

"그동안 무시했던 것 용서해 주세요. 빨간이등변삼각형 덕분에 삼각형이 얼마나 멋진 다각형인지 알게 되었어요. 우리 마을에 와서 함께 사셨으면 좋겠어요. 저희도 삼각형 마을에서 살 수 있게 해 주시고요."

결국 빨간이등변삼각형의 생각대로 사각형 마을에도, 삼각형 마을에도 예전보다 더 다양하고 아름다운 집들이 생기고 물건의 모양도 훨씬 다양해졌어. 그 이후로 삼각형들과 사각형들은 자유롭게 서로의 마을을 오가며 사이좋게 살게 되었지.

그후, 삼각형들과 사각형들은 빨간색 지붕이 된 빨간이등변삼각형에게 고마움을 표하기 위해 집 앞에 기념비를 세웠어.

바로 너희들이 보고 있는 이거야!

그후, 삼각형들은 삼각형의 좋은 점에 대해 생각하기 시작했고, 자신들을 소중하게 여기게 되었어.

빨간이등변삼각형이 사각형 집의 지붕이 된 이야기는 오각형, 육각형 등의 다각형 마을에도 빠르게 전해지면서 다각형들은 모양에 상관없이 서로 어울려서 살기 시작했어.

그러자 그동안 보이지 않았던 삼각형에 대한 여러 가지 사실들이 보이기 시작했지.

다각형들은 이웃하지 않는 두 꼭지점을 이은 선을 대각선이
라 이름을 붙여 주었어.

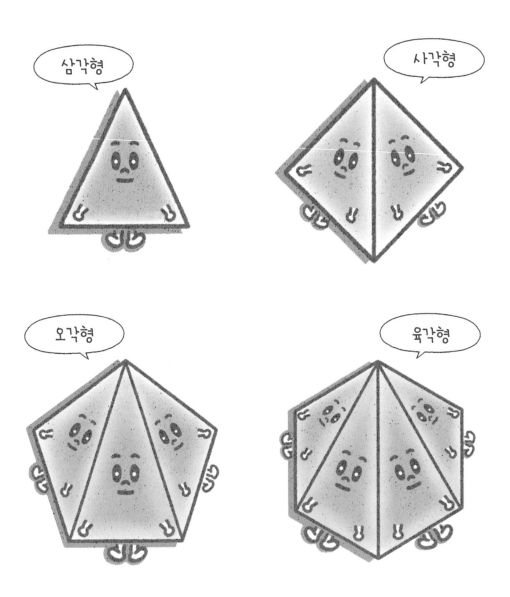

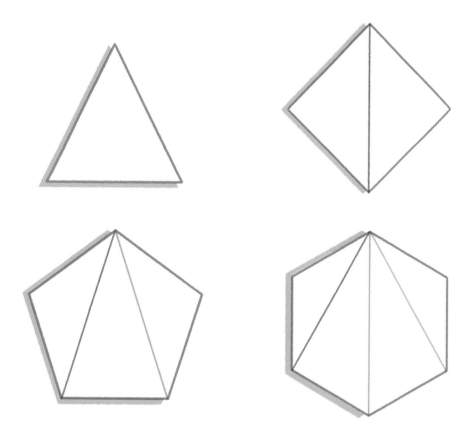

그리고 다각형들의 한 꼭짓점에서 그을 수 있는 대각선의 개수를 세어 보니 사각형은 1개, 오각형은 2개, 육각형은 3개라는 것을 알 수 있었어.

그렇게 대각선을 그려서 다각형을 분리하니, 사각형은 그 속에 삼각형이 2개, 오각형은 3개, 육각형은 4개 있다는 것을 알 수 있었지.

다각형 모두가 삼각형은 모든 다각형의 기초라는 사실을 알고 자기들이 그동안 삼각형을 무시했던 것을 무척 미안해 했어.

삼각형들은 사각형, 오각형, 육각형 등 모든 다각형의 기본이며 없어서는 안 되는 중요한 도형이라는 사실이 증명되는 것을 보며 가슴이 벅차올랐어.

그리고 빨간이등변삼각형이 이 모든 것의 시작임을 떠올리며 눈시울이 붉어졌지.

이후 다각형들이 서로의 마을을 자유롭게 오가며 살다 보니, 다각형 나라의 각 마을에서는 삼각형과 사각형, 오각형 등이 함께 어우러진 멋진 건물들이 점점 늘어나게 되었지.

3장

구름 할아버지 안녕!

삼각형, 사각형, 오각형, 육각형, 팔각형 등등 다양한 도형들이 섞여 살아가게 되니, 당연히 다양한 도형들로 만들어진 독특한 건물들도 점점 많아지기 시작했어. 신기하게도 서로 자유롭게 왔다갔다 하고, 자기가 원하는 곳에 살 수 있게 되자, 다각형 나라는 점점 잘살게 되었고, 나라의 땅도 넓어졌어.

구름 할아버지께서 이야기를 마치시자, 앞에 앉아 있던 원이 손을 들었어요.

"그런데 구름 할아버지, 지금은 다각형 나라가 아니라 도형 나라잖아요?"

구름 할아버지가 대답하셨어요.

"그래. 다각형 나라는 서로 다르게 생긴 다각형들을 인정하며 함께 섞여 사이좋게 살게 되었단다. 다른 다각형의 다양성과 서로의 장점을 이해하게 된 다각형 나라는, 따로따로 모여 살던 원, 타원 같은 도형들까지 받아들이게 되었지. 원, 타원 등의 도형들까지 함께 다각형 나라에 살게 되자, 나라 이름은 다각형 나라에서 도형 나라로 바뀌었어."

"아하, 그렇게 된 거군요."

원이 고개를 끄덕였어요. 다른 도형 친구들도 이해했다는 듯 머리를 끄덕였어요.

이번에는 직각 삼각형이 구름 할아버지에게 물었어요.

"지금 저희가 보고 있는 빨간이등변삼각형 지붕이 바로 그 집인 거죠?"

"맞단다. 이쪽을 보면 삼각형들이 세운 감사의 푯말도 있지."

"우아, 멋지다."

직각 삼각형을 비롯하여 그 자리에 있던 모든 도형들이 감사의 눈빛으로 집의 지붕이 된 빨간이등변삼각형을 다시 한번 쳐다보았어요.

"오늘 이야기, 끝."

구름 할아버지께서 말씀하셨어요.

"정말 재미있는 이야기였어요. 감사합니다!"

모두 입을 모아 대답했어요..

"다들 다음에 또 보자꾸나. 그때까지 사이좋게 잘 지내렴."

구름 할아버지가 하늘로 날아오르며 인사를 하셨어요.

"할아버지, 안녕히 가세요. 다음에 또 재미난 얘기해 주세요."

동화에서 기술된 부분에 대하여 수학적으로 설명해 보고자 합니다.

1 '처음 도형나라에는 삼각형, 사각형, 오각형처럼 3개 이상의 선분으로 둘러싸인 다각형들만 모여서 살았단다.(10쪽)'라는 내용이 있습니다.
여기서 다각형들은 다른 도형들과 자신들을 구별하고, 자신이 어떤 도형인지 알아낼 수 있었을까요?

　다각형은 선분으로 둘러싸인 닫힌 도형이에요. '선분'과 '닫힌 모양'이라는 요소는 다각형을 정의하는 데 매우 중요하지요. 다각형은 여러 개의 선분이 만나서 만들어지며, 이 선분들을 '변'이라고 하고, 선분이 만나는 점들을 '꼭짓점'이라고 부릅니다. 다각형의 이름은 변의 개수에 따라 달라지는데, 변이 3개이면 삼각형, 4개이면 사각형, 5개이면 오각형이라고 합니다.
　그렇다면 각은 다각형일까요? 아니에요. 각은 두 선분이 한 점에서 만나 생기지만, 닫힌 모양이 아니므로 다각형이라고 할 수 없어요.

　반면 원은 어떨까요? 원은 닫혀 있기는 하지만, 선분이 아닌 곡선으로 이루어졌기 때문에 다각형이 아니에요.

2 사각형은 삼각형과 달리 힘을 주면 모양이 바뀔 수 있다는 부분이 다음과 같이 기술되어 있습니다.

> 삼각형은 세 변의 길이가 정해지면 그 세 변을 가진 삼각형은 그 모양으로만 있을 수 있고 아무리 힘을 주어도 다른 모양으로 변하지 않는다는 것. 그래서 다른 도형보다 버티는 힘이 강하다는 것을 알아냈지.
>
> 사각형도 어떤가 공부해 보았어. 사각형의 경우에는 좀 달랐어. 네 변의 길이가 주어질 때, 그 길이의 네 변을 가진 여러 가지 모양의 사각형이 생겨서 밖에서 힘을 조금만 주어도 모양이 틀어질 수 있다는 것을 알게 됐어. 직사각형을 조금 밀어보니 모양이 틀어져 여러 다른 모양의 평행사변형이 되는 것이었어.(25쪽)

삼각형은 세 변의 길이만 알면 그 삼각형을 정확하게 그릴 수 있어요. 어떤 방법으로 그리더라도 똑같은 모양의 삼각형이 만들어지는데, 이것은 삼각형이 하나의 형태로 고정된다는 뜻이에요. 중학교에서는 이를 '삼각형의 결정조건' 또는 '합동조건'이라고 배워요. 그래서 삼격형은 아무리 밀거나 당겨도 모양이 변하지 않아요.

하지만 사각형은 네 변의 길이가 주어져도 그 정보만으로는 하나의 특정한 사각형을 만들 수 없어요. 예를 들어, 네 변의 길이가 모두 3cm인 경우, 그 사각형은 정사각형일 수도 있고, 마름모일 수도 있어요. 그래서 사각형은 밀거나 당기면 모양이 쉽게 변할 수 있어요. 따라서 사각형을 정확하게 그리기 위해서는 각의 크기 등의 추가 정보가 필요해요.

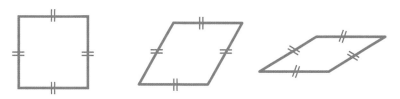

3 삼각형의 세 내각을 합하면 180도가 됩니다.

양쪽에 있는 두 변의 중간점을 잡아 두 점을 잇는 선분을 따라 아래로 꺾어 접으면, 위에 있는 꼭짓점이 밑에 있는 변을 만나게 되고 그러면 사각형이 되잖아? 그것도 나처럼 양쪽의 변의 길이가 같은 사각형!(33쪽)

삼각형의 세 내각을 한 곳에 모으면 각들이 나란히 이어져 일직선이 돼요. 일직선은 180도이기 때문에 삼각형의 세 각을 더하면 항상 180도가 되는 거예요.

4 삼각형이 모든 다각형의 기본이 된다는 것이 다음과 같이 표현되어 있습니다.

> 다각형 모두가 삼각형은 모든 다각형의 기초라는 사실을 알고 자기들이 그동안 삼각형을 무시했던 것을 무척 미안해 했어.
> 삼각형들은 사각형, 오각형, 육각형 등 모든 다각형의 기본이며 없어서는 안 되는 중요한 도형이라는 사실이 증명되는 것을 보며 가슴이 벅차올랐어.(64쪽)

다각형은 여러 개의 삼각형이 모여서 만들어진 도형이에요. 예를 들어, 사각형은 두 개의 삼각형으로 나눌 수 있으며, 오각형이나 육각형도 내부를 3개, 4개의 삼각형으로 나눌 수 있어요. 따라서 다각형 속에는 삼각형이 2개, 3개, 4개… 모여 있다고 말할 수 있지요.

삼각형은 매우 중요한 도형이에요. 복잡한 모양을 가진 다각형들도 삼각형으로 나누면, 각 삼각형의 특징을 이용해 면적을 구할 수 있어요. 또한, 다각형의 각의 크기의 합과 같은 속성들을 알아내는 데에도 삼각형이 중요한 역할을 한답니다. 그래서 삼각형은 모든 다각형의 기본이라고 할 수 있어요.

이런 수학동화는 처음이야 ❷

어떤 삼각형의 꿈

글 최영기 김선자
그림 영수

1판 1쇄 인쇄 2024년 11월 15일
1판 1쇄 발행 2024년 11월 27일

펴낸이 김영곤 **펴낸곳** ㈜북이십일 을파소
프로젝트2팀 김은영 권정화 김지수 이은영 우경진 오지애
아동마케팅팀 장철용 명인수 송혜수 손용우 최윤아 양슬기 이주은
영업팀 변유경 김영남 전연우 강경남 최유성 권채영 김도연 황성진
편집외주 꿈틀
디자인 design S

출판등록 2000년 5월 6일 제406-2003-061호
주소 (우 10881) 경기도 파주시 문발동 회동길 201
연락처 031-955-2100(대표) 031-955-2109(기획개발)
팩스 031-955-2122 **홈페이지** www.book21.com

ⓒ 최영기, 김선자, 2024

ISBN 979-11-7117-910-7 74140
ISBN 979-11-7117-166-8(세트)

* 책값은 뒤표지에 있습니다.
* 이 책 내용의 일부 또는 전부를 재사용하려면 반드시 (주)북이십일의 동의를 얻어야 합니다.
* 잘못 만들어진 책은 구입하신 서점에서 교환해 드립니다.

• 제조자명 : (주)북이십일	• 제조연월 : 2024. 11. 27.
• 주소 : 경기도 파주시 회동길 201(문발동)	• 제조국명 : 대한민국
• 전화번호 : 031-955-2100	• 사용연령 : 3세 이상 어린이 제품